2ª edição
5.000 exemplares
Do 10º ao 15º milheiro
Setembro/2018

© 2016 - 2018 by Boa Nova

Capa e projeto gráfico
Juliana Mollinari

Diagramação
Juliana Mollinari

Revisão
Alessandra Miranda de Sá

Assistente editorial
Ana Maria Rael Gambarini

Coordenação Editorial
Ronaldo A. Sperdutti

Todos os direitos reservados.
Nenhuma parte desta obra pode ser reproduzida ou
transmitida por qualquer forma e/ou quaisquer meios
(eletrônico ou mecânico, incluindo fotocópia e
gravação) ou arquivada em qualquer sistema ou
banco de dados sem permissão escrita da Editora.

O produto da venda desta obra é destinado à
manutenção das atividades assistenciais da
Sociedade Espírita Boa Nova, de Catanduva, SP.

1ª edição: Novembro de 2016 - 10.000 exemplares

Cleber Galhardi
ditado por Matheus

Instituto Beneficente Boa Nova
Entidade coligada à Sociedade Espírita Boa Nova
Av. Porto Ferreira, 1.031 | Parque Iracema
Catanduva/SP | CEP 15809-020
www.boanova.net | boanova@boanova.net
Fone: (17) 3531-4444

Dados Internacionais de Catalogação na Publicação (CIP)
(Câmara Brasileira do Livro, SP, Brasil)

Matheus (Espírito).
    Ideias que transformam / ditado por Matheus ;
[psicografia] Cleber Galhardi. -- Catanduva, SP :
Instituto Beneficente Boa Nova, 2016.

    ISBN 978-85-8353-062-6

    1. Autoajuda 2. Espiritismo 3. Mensagens
4. Psicografia I. Galhardi, Cleber. II. Título.

16-08733   CDD-133.93

Índices para catálogo sistemático:

1. Mensagens psicografadas : Espiritismo   133.93

Introdução

O trabalho com o livro espírita é uma das mais gratificantes tarefas que um ser humano pode desempenhar, e tenho feito isso há mais de vinte e quatro anos.

Encanta a capacidade que os temas possuem para inspirar autores a lançar sementes em formas de ideias. Somos surpreendidos o tempo todo com um rico material que tem o poder de esclarecer e ajudar as pessoas.

Foi assim que recebi os originais de *Ideias que transformam*. À medida em que avançava na leitura, ficou claro que essas mensagens possuem grande capacidade de ensinar o leitor a tomar atitudes que transformarão sua vida para melhor.

Este pequeno livro suscita decisões simples e objetivas para administrar nosso dia a dia e caminhar com segurança diante dos desafios que nos envolvem.

Quem procura ideias para enxergar sua existência sob um outro prisma, ou respostas rápidas para enfrentar algum desafio, encontrará nas próximas páginas um rico material que dará suporte para a tomada de decisões assertivas.

Tenha uma ótima leitura.

Ronaldo A. Sperdutti
Editor

Ideias que transformam

A virtude da vossa geração
é a atividade intelectual; seu vício
é a indiferença moral.

*(O Evangelho segundo o Espiritismo,
Capítulo 9, item 8, Boa Nova Editora.)*

Muitas teorias explicam o mundo e as pessoas, mas poucas nos ensinam a transformá-lo em um lugar melhor para viver.

Quando aderimos a uma religião, filosofia ou ciência, não podemos ficar presos somente a seu corpo doutrinário.

Ao nos acorrentarmos à parte teórica, deixamos de viver seus preceitos e, na verdade, não nos tornamos criaturas melhores.

Sim, é importante conhecer a teoria, entender as razões que levaram ao resultado final daquilo a que resolvemos aderir.

Agora, se todo o conhecimento não estimular uma revolução íntima voltada para o bem, ela fica apenas no campo das ideias, que podem ser muito inteligentes, mas na prática não nos transformam.

Ideias que transformam

O Espiritismo estimula o conhecimento filosófico, inspira a ciência e, o principal: convida a praticar aquilo que prega, ou seja, pede sempre para irmos além.

Valorize o que você sente

Entretanto, apesar das vicissitudes que formam o cortejo inevitável desta vida, poderia pelo menos gozar de uma felicidade relativa, mas ele a procura nas coisas perecíveis e sujeitas às mesmas vicissitudes, quer dizer, nos prazeres materiais, ao invés de a procurar nos prazeres da alma...

(O Evangelho segundo o Espiritismo,
Capítulo 5, item 23, Boa Nova Editora.)

Ideias que transformam

As pessoas felizes são aquelas que descobriram atividades prazerosas e sabem dar o devido valor a elas.

São indivíduos que investem naquilo que gostam de fazer, e esse diferencial faz com que sempre estejam dispostos a realizar os trabalhos que abraçam.

Não critique nem inveje as pessoas felizes. Quando ficamos atormentados com a felicidade dos outros nos esquecemos de buscar nossa própria felicidade.

Procure encontrar aquilo que o realiza e invista em seu potencial.

Assim que passarmos a admirar aqueles que estão realizados e seguir seu exemplo, estaremos abrindo as portas para buscar nossos potenciais e acreditar em nossa capacidade de realização.

Valorize quem sabe viver a própria vida e dê a você mesmo o direito de realizar os prazeres de sua alma.

Onde está o seu tesouro?

... porque onde está o vosso tesouro, aí também está o vosso coração.

(O Evangelho segundo o Espiritismo, Capítulo 25, item 6, Boa Nova Editora.)

Ideias que transformam

As coisas têm o valor que lhes atribuímos, nem mais nem menos. O que é precioso para uns nada significa para outros.

Quando entendemos essa verdade, deixamos de forçar os outros a valorizar aquilo que é importante para nós.

Assim também aprendemos a respeitar o valor que certas coisas possuem para outras pessoas.

Não crie discussões improdutivas para tentar convencer quem quer que seja sobre o valor que seu tesouro possui.

Todos temos gostos, aptidões, sensações variadas. Compete a cada um cuidar daquilo que é importante para si.

Quando encontrar outros dando valor a algo que nada representa a você, saiba compreendê-los. Quando não for compreendido naquilo que valoriza, aprenda a manter sua serenidade e confiança.

Caminhe

Que chance eu tive, tomando a vereda da direita, antes que a da esquerda; o acaso, algumas vezes, nos serve verdadeiramente bem! Quanto me felicito pela minha coragem e por não ter me deixado abater!

(O Evangelho segundo o Espiritismo, Capítulo 27, item 8, Boa Nova Editora.)

Ideias que transformam

Se você estava esperando algo acontecer e não deu certo, aguarde um pouco; provavelmente Deus tem outros planos.

Ninguém fica bem quando a vida não responde à altura. É normal certa dose de frustração.

O perigo aparece quando desistimos de continuar, de olhar para outros caminhos, ao colocar limites para abrir novas portas.

Quem aprende que nem tudo na vida sai como deseja, sente frustração, mas está sempre disposto a prosseguir.

Saiba que sucesso e incerteza também caminham juntos. Quando a incerteza acaba, surge o caminho para o sucesso.

Deus jamais fará algo ruim. Por isso, caminhe e espere que, no tempo certo, a resposta necessária surgirá.

Aprenda para ensinar

Espíritas! Amai-vos, eis o
primeiro ensinamento.

*(O Evangelho segundo o Espiritismo,
Capítulo 6, item 5, Boa Nova Editora.)*

Ideias que transformam

Imagine um professor que não sabe a lição que tem que ensinar. Imagine um escritor que não tem nenhuma ideia para desenvolver. Como eles se sairão em suas atividades?

Geralmente desejamos ser admirados e amados. Esperamos das pessoas que nos vejam como alguém especial.

Mas será que sabemos nos admirar e nos amar?

Antes de exigir dos outros, procure fazer a você aquilo que desejaria que os outros lhe fizessem.

Só saberemos o valor do verdadeiro amor amando; só conheceremos a admiração verdadeira admirando.

Não espere que alguém faça isso. Olhe para o espelho, dentro dos seus olhos, e procure o amor que está dentro de si. Da mesma forma, admire as qualidades que você já conquistou.

Basta!

Não basta que dos lábios gotejem leite e mel; se o coração nada tem com isso, há hipocrisia.

(O Evangelho segundo o Espiritismo, Capítulo 9, item 6, Boa Nova Editora.)

Ideias que transformam

Uma das maiores infelicidades dos que sofrem é não saberem dizer: basta!

Quem não sabe colocar limites fica o tempo todo submisso à vontade dos outros. Vive sempre contrariado e dificilmente sente prazer nas coisas que realiza.

Trata-se de pessoas com forte tendência para desenvolver doenças, porque ficam o tempo todo bombardeando o organismo com energias negativas oriundas do hábito de se contrariar para agradar.

Você não precisa ser agressivo para colocar limites. Basta um pouco de coragem e firmeza na decisão.

Vale a pena inserir em seu cotidiano frases como: "Não posso!", "Não quero", "Desejo ser respeitado".

Ideias novas

Toda ideia nova encontra forçosamente oposição, e não há uma única que tenha se estabelecido sem lutas.

(O Evangelho segundo o Espiritismo,
Capítulo 23, item 12, Boa Nova Editora.)

Ideias que transformam

É comum a dificuldade em aceitar novas ideias. Temos uma zona de conforto em nosso íntimo e não queremos rompê-la.

Não se esqueça de que a evolução aparece quando alguém tem a coragem de olhar o mundo sob uma nova ótica.

Antes de condenar uma ideia nova, preste atenção se não está jogando fora a oportunidade de se renovar.

Na presença do Cristo, muitos o questionaram, negaram, perdendo a chance de incorporar valiosos ensinamentos.

Aquilo que chamamos "loucura" a princípio pode carregar um grande ensinamento.

Utilize sempre o bom senso. Talvez a suposta "loucura", sendo conduzida pela razão, traga uma nova maneira de viver!

Cultive seus relacionamentos

Ide, ide, colhei, apanhai todos os frutos dessa bela árvore que se chama beneficência.

(O Evangelho segundo o Espiritismo, Capítulo 13, item 13, Boa Nova Editora.)

Ideias que transformam

Quem deseja cultivar um jardim sabe que o perfume que a flor exala é uma das últimas fases do processo.

É necessário preparar a terra, semear, colocar a dose certa de água e deixar que a planta cresça.

Por mais que desejemos, se não estivermos dispostos ao cultivo diário, dificilmente obteremos sucesso em nosso jardim.

Assim como as plantas, o sentimento das pessoas funciona da mesma maneira. Quem não o cultiva o deixa enfraquecer, e não é exagero afirmar que ele também morre.

Para ter relacionamentos duradouros, jamais se esqueça de cultivá-los. Diga para as pessoas o quanto elas são importantes para você. Prepare uma surpresa para quem você ama.

Um sorriso, um pequeno presente, uma folha de papel com algumas palavras são formas de lembrar as pessoas do quanto elas são importantes. Cultive seus relacionamentos!

Pensar diferente

Certas palavras parecem estranhas
na boca de Jesus e contrastam com
a sua bondade e sua inalterável
benevolência para com todos.

*(O Evangelho segundo o Espiritismo,
Capítulo 14, item 6, Boa Nova Editora.)*

Ideias que transformam

Uma das características marcantes de Jesus era a habilidade que ele possuía em ser e pensar diferente da maioria, inclusive dos sacerdotes da época.

Ele não era agressivo; ao contrário, acolhia as pessoas e lhes doava amor. Como era um mestre por excelência, tinha o desejo de ensinar novos conceitos.

Não foi compreendido por muitos, porém isso em nada atrapalhou a missão de levar sua mensagem adiante.

Existem momentos em que temos que confiar em nós e trabalhar por aquilo em que acreditamos, não importa se seremos compreendidos ou não.

A maior vitória que podemos ter não é em relação aos outros, e sim em relação a nós.

Quantos perderam a oportunidade de avançar por não dar um voto de confiança àquilo que sentiam ou porque viam as coisas de forma diferente dos outros!

Teorias

Guardai-vos dos falsos profetas que vêm a vós cobertos de peles de ovelhas, e que por dentro são lobos rapaces. – Vós os conhecereis pelos seus frutos.

(O Evangelho segundo o Espiritismo, Capítulo 21, item 2, Boa Nova Editora.)

Ideias que transformam

O mundo de hoje é repleto de teorias e explicações sobre tudo. Sempre há alguém defendendo algum ideal.

Quem sabe aproveitar as inúmeras teorias que se apresentam seleciona o que é bom e descarta aquilo que não serve.

Como é bom saber usar o direito de escolher e selecionar aquilo que traz o bem!

Os frutos que cada mensagem carrega são consequência das posturas que adotamos.

Do mesmo jeito que existem líderes sérios e comprometidos com a verdade, existem aqueles que defendem somente seu ponto de vista. Os primeiros são receptivos e não temem mudar de opinião, enquanto os segundos, inflexíveis, afirmam já deter toda a verdade.

Quem tem o desejo firme de progredir sempre aplaude quem busca o conhecimento com seriedade e questiona severamente os que afirmam saber tudo.

Desfrute do que é bom

Ao lado desses grandes partidos, formiga a numerosa tribo dos indiferentes que, sem convicção e sem paixão, amam tibiamente e gozam com parcimônia.

(O Evangelho segundo o Espiritismo, Capítulo 17, item 11, Boa Nova Editora.)

Ideias que transformam

As coisas pertencem a quem sabe desfrutá-las!

Desfrutar em sentido figurado quer dizer apreciar. Toda a nossa vida precisa ser apreciada para tirarmos dela o maior proveito possível.

Isso não quer dizer uma busca frenética pelo prazer indiscriminável. Agir de modo inconsequente é desperdício de tempo e energia em ações que desgastam e não nos nutrem.

Quem desfruta tira o melhor, a essência.

Sabe usufruir da natureza sem destruí-la, apreciando, por exemplo, a beleza de um por do sol e o brilho das estrelas, sentindo-se assim parte integrante de todo esse sistema.

Em relação às pessoas, busca se relacionar com respeito, está sempre ao lado daqueles que ama e amplia cada vez mais o número de amigos.

Diante das adversidades, sente dificuldades e tristeza. Porém, acredita no tempo e sabe dar valor às experiências que resultaram de tudo o que ocorreu.

Se a felicidade plena na Terra é algo momentaneamente impossível, todos temos o direito de ser felizes tanto quanto nos seja permitido.

Problema de conhecimento

Qual é o homem que pode se gabar de
a possuir inteiramente, quando o círculo
dos conhecimentos aumenta sem cessar,
e as ideias se retificam a cada dia?

*(O Evangelho segundo o Espiritismo,
Capítulo 15, item 9, Boa Nova Editora.)*

Durante muito tempo acreditou-se que a Terra era o centro do universo. Quando Pasteur falou a primeira vez sobre a existência dos micróbios, ele foi ridicularizado.

Poucos são os conhecimentos que poderemos afirmar serem válidos para sempre. Dentre eles, estão as máximas ensinadas por Jesus.

O que sabemos está sempre sujeito a alterações. Até mesmo a ciência comete equívocos, mudando de opinião assim que descobre e comprova uma nova teoria.

Quais são os conhecimentos que você possui que terão validade por mais cem anos, por exemplo?

É preciso estarmos sempre em alerta para não ficarmos congelados naquilo que acreditamos como sendo verdades absolutas. O risco é atravancar o processo evolutivo.

Defender um ponto de vista é diferente de achar que ele é o melhor que existe.

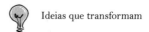 Ideias que transformam

Se você tem compromisso com a mudança, questione o tempo todo as crenças que o movem. E fique atento para mudar sempre que algo novo for coerente e facilitar seu crescimento.

Não procrastine

Reconciliai-vos o mais depressa com o vosso adversário enquanto estais com ele no caminho, para que vosso adversário não vos entregue ao juiz, e que o juiz não vos entregue ao ministro da justiça, e que sejais aprisionado.

(O Evangelho segundo o Espiritismo, Capítulo 10, item 5, Boa Nova Editora.)

Ideias que transformam

A palavra *procrastinar* significa transferir para outro dia, deixar para depois.

Somos procrastinadores por natureza. Deixamos tudo para a última hora e constantemente terminamos um trabalho ou tomamos uma decisão quando não há mais tempo de sobra.

Até chegarmos à finalização, não percebemos o quanto ficamos com a mente atormentada com o que temos por realizar. Esse propósito nos aprisiona, e o tempo todo nos faz lembrar do que temos que fazer.

No entanto, existem tarefas que são intransferíveis.

Para evitar o desgaste físico e mental, faz-se necessário aprender a agir enquanto temos tempo disponível.

Ainda hoje tome a iniciativa. Se errou em relação a alguém, peça desculpas. Se deseja elogiar alguém, faça-o agora mesmo. Se tiver algo para iniciar, não deixe para amanhã.

Por mais que a preguiça tente nos seduzir, é sempre importante lembrar que amanhã é um dia que pode não existir para nós.

Saber, ignorar, "achar que"

As leis da Natureza são as mesmas em todos os tempos e em todos os países; as leis humanas mudam segundo os tempos, os lugares e o progresso da inteligência.

(O Evangelho segundo o Espiritismo, Capítulo 22, item 2, Boa Nova Editora.)

Em matéria de conhecimento, podemos afirmar que temos conceitos oriundos de experiências que balizam aquilo que sabemos; são autênticos.

Também carregamos intuitivamente heranças intelectuais de outras encarnações.

Contudo, existe um número incomensurável de saberes que ignoramos. Esses estão em estado latente e precisam do tempo e da nossa força de vontade para aflorar.

Há entre aquilo que sabemos e o que ignoramos aquilo que pensamos saber. Alguns exemplos são nossos preconceitos e ideias que herdamos sem passar pelo crivo da análise, que mudam segundo o tempo, o lugar e o progresso da inteligência.

Quem sabe disso, ao entrar em uma conversa, fala daquilo que viveu sem se impor; assume o que ignora e busca aprender; e, em relação ao "acho que",

Ideias que transformam

comenta tranquilamente, alertando que não tem experiências suficientes para afirmar ser aquela uma verdade.

Ao aceitar esses aspectos, deixamos nossos diálogos produtivos e evitamos discussões desnecessárias.

Enfrente o desafio

As provas têm por objetivo exercitar a inteligência, assim como a paciência e a resignação; um homem pode nascer numa posição penosa e difícil, precisamente para o obrigar a procurar os meios de vencer as dificuldades.

(O Evangelho segundo o Espiritismo, Capítulo 5, item 26, Boa Nova Editora.)

Ideias que transformam

O que acontece quando enfrentamos uma situação nova, para a qual precisamos de respostas que não temos?

Salvo exceções, a maioria das pessoas fica paralisada pelo medo. Isso é natural, afinal, não temos experiências passadas que nos deem suporte para tomar a decisão tranquilamente.

Tudo o que é novo tem a possibilidade de assustar. Um trabalho, um novo relacionamento, um curso, até mesmo uma viagem.

Na próxima vez em que deparar com algo desconhecido e se sentir inseguro, pense que isso é natural; o medo está ali para protegê-lo, e ele não pode ter força para impedi-lo de seguir em frente.

Novos caminhos pedem novas interpretações. Pense: "Não tenho experiência, é natural estar inseguro". Em seguida, fale para si: "Para ter segurança, é imprescindível avançar e desenvolver uma nova habilidade".

Cleber Galhardi ditado por Matheus

As maiores decisões que o ser humano toma passa por caminhos nunca antes trilhados, precisamente para o obrigar a procurar os meios de vencer as dificuldades.

Dúvida

Sem dúvida, ele o poderia, mas, então,
onde estaria seu mérito e, aliás, de
que isso serviria? Não são vistos todos
os dias se negarem à evidência e
mesmo dizerem: Se eu visse não creria,
porque sei que é impossível?

*(O Evangelho segundo o Espiritismo,
Capítulo 7, item 10, Boa Nova Editora.)*

Seria muito bom se todos soubessem exatamente o que têm para fazer na vida e não tivessem que conviver com as dúvidas.

Por ora nascemos em um planeta que nos coloca em situações de escolhas difíceis, que sempre geram certa dúvida. Todos gostariam de ter certeza de estar escolhendo o que é correto.

Visando o longo prazo, sabemos que todas as escolhas nos conduzirão para um único caminho: o amadurecimento.

O problema está em não desejar ter dúvidas. Isso é impossível quando se está em um mundo de provas e com criaturas em desenvolvimento.

Olhando por outro lado, porém, observamos que da dúvida nasce o saber. Quem a aceita como algo que faz parte da necessidade atual tem nela uma companheira que estimula a instrução.

Não queira somente certezas. Permita que a dúvida traga a oportunidade de ter à frente várias chances de escolha.

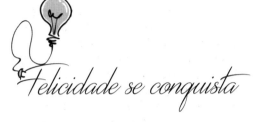

Felicidade se conquista

Entretanto, tendes razão afirmando
que a felicidade está destinada ao
homem nesse mundo, se a procurais
não nos prazeres materiais, mas no bem.

(O Evangelho segundo o Espiritismo,
Capítulo 11, item 13, Boa Nova Editora.)

Não queira a vida do próximo; provavelmente, estando no lugar dele você não saberia ser feliz. Existem inúmeras diferenças entre as pessoas; o que traz felicidade para um nem sempre faz o mesmo com o outro.

Felicidade não é objeto produzido em série e que se adquire como se compra um produto. Ela é fruto de conquista. Nem mesmo um anjo guardião, que ama seu protegido, tem o poder de fazê-lo feliz.

Comece se observando. O que você gosta de fazer? Quais são suas aptidões? Está disposto a pagar o preço para ter a felicidade que tanto deseja?

Verifique se você está trabalhando pela sua felicidade através de ações ou se está somente no campo teórico, esperando que ela caia do céu.

Enquanto não formos em busca daquilo que queremos, jamais estaremos bem, e corremos o risco de ficar lamentando, achando que somente os outros têm a chance de serem felizes.

O bem nos acalma

A fé sincera e verdadeira é sempre calma;
dá a paciência que sabe esperar,
porque, tendo seu ponto de apoio na
inteligência e na compreensão das
coisas, está certa de chegar...

(O Evangelho segundo o Espiritismo,
Capítulo 19, item 3, Boa Nova Editora.)

Criamos um mundo estranho. Parece que uma pessoa bem-sucedida é aquela que não tem tempo para nada.

Ao encontrar alguém e perguntar "Como vai?", existe uma chance muito grande de a pessoa responder: "Correndo muito" ou "Não tenho tempo para mais nada!".

Parece que é *status* gritar aos quatro cantos que a vida é uma correria. Eis aí um dos motivos pelos quais estamos cada vez mais estressados e deprimidos.

Fazemos muito para o mundo e pouco por nós, na ilusão de que isso nos deixe em posição privilegiada de "pessoas importantes".

A lei do repouso existe e precisa ser utilizada. Reserve um tempo do seu dia para pensar na vida e relaxar!

Não espere a doença para perceber que poderia ter diminuído o ritmo e dado

Ideias que transformam

mais valor para a família, os amigos, para brincar com seu animal de estimação.

O bem nos traz calma, paciência, e ensina a esperar na certeza de que o melhor sempre nos aguarda.

Exemplo do rio

O homem de gênio que persegue a realização de alguma grande empresa triunfa se tem fé, porque sente em si que pode e deve alcançar, e essa certeza lhe dá uma força imensa.

(O Evangelho segundo o Espiritismo, Capítulo 19, item 12, Boa Nova Editora.)

Ideias que transformam

O leito de um rio se compõe de uma beleza figurada e um exemplo excelente para nortear nossa vida.

Sabemos que o objetivo final da água é o oceano.

O detalhe é que, para chegar ao final, é preciso contornar inúmeros obstáculos. Não é fácil chegar; o caminho exige paciência, determinação e habilidade para passar pelas dificuldades do trajeto.

O diferencial de um rio está na capacidade de ser flexível. Ele não recua; aprende a desviar seu curso, mesmo que fique um pouco maior e cheio de curvas.

Antes de reclamar do caminho que tem para seguir, lembre-se das agruras do leito de um rio e faça o mesmo!

Ao invés de ficar travado devido a alguma resistência, contorne, persevere e saiba que um oceano de possibilidades

Cleber Galhardi ditado por Matheus

infinitas o aguarda. Basta manter o foco, não desanimar e acreditar na capacidade de vencer que existe em nós.

Escutar e ouvir

Eu lhes falo por parábolas, porque vendo não veem, e escutando não ouvem nem compreendem.

(O Evangelho segundo o Espiritismo, Capítulo 24, item 3, Boa Nova Editora.)

Uma característica sempre presente na vida de pessoas sábias é a capacidade de saber ouvir.

O sábio busca entender aquilo que seu interlocutor está dizendo não somente pelas palavras, mas também por gestos, expressões e vibração da voz.

Infelizmente deixamos de treinar essa habilidade tão importante. Ficamos presos às nossas deduções sobre aquilo que estamos ouvindo e não vemos os sinais implícitos na fala. Por ser um homem sábio, Jesus nos alertou sobre essa nossa fragilidade; nós escutamos, mas não ouvimos.

Ouvir significa estar presente quando o outro nos dirige a palavra; sentir o que está chegando aos nossos ouvidos para deixar a conversa transparente e produtiva.

Quem sabe identificar a intenção por trás das palavras dificilmente se deixa levar por elas, sejam de elogio ou crítica.

O lado bom

Não se compraz em procurar os defeitos
alheios, nem em os colocar em evidência.
Se a necessidade a isso o obriga, procura
sempre o bem que pode atenuar o mal.

(O Evangelho segundo o Espiritismo,
Capítulo 17, item 3, Boa Nova Editora.)

Todos nascem em cenários propícios ao seu crescimento interior. Não existe vítima quando pensamos na eternidade. Somos espíritos que herdam aquilo que fazem.

Por mais difícil que seja a convivência com alguém, encontre um ensinamento em cada situação que a vida lhe coloque.

Pessoas que falam em demasia podem nos ensinar a importância de falar menos para ouvir mais.

Gente intolerante proporciona a oportunidade de observarmos o quanto deixamos de aprender quando somos inflexíveis.

Aqueles que optam pelo mal desperdiçam a chance da boa convivência e mostram como podemos sofrer se nos distanciarmos do bem que rege o universo.

Quem sabe aproveitar as adversidades para crescer um pouco mais analisa posturas inadequadas e procura sempre o bem que pode atenuar o mal.

O mal que não vemos

... examinai os vossos defeitos e
não as vossas qualidades, e, se
vos comparardes aos outros, procurai
o que há de mal em vós.

(O Evangelho segundo o Espiritismo,
Capítulo 27, item 4, Boa Nova Editora.)

Grande parte das pessoas sempre encontra um inimigo para combater. É incrível essa nossa capacidade de confrontar alguém ou alguma coisa, seja uma ideia, um comentário ou até mesmo uma outra pessoa. Parece que temos uma tendência ao combate.

Claro que temos o direito de exercer nosso senso crítico e analisar o mundo à nossa volta. O problema é quando deixamos de nos observar para combater fora aquilo que não enxergamos dentro de nós.

Você já prestou atenção em como sempre criticamos as mesmas coisas?

Quais são os temas recorrentes em nossos julgamentos?

Preste atenção em seus comentários. Pode ser que eles lhe ensinem que existem pontos desconhecidos em você que precisam ser trabalhados, para deixar de tentar corrigir fora aquilo que precisa de esclarecimento interior.

Entusiasmo

Não é Deus quem retira daquele que
havia recebido pouco, é o próprio Espírito,
ele mesmo, que, pródigo e negligente,
não sabe conservar o que tem, e
aumentar, na fecundidade, o óbolo
que lhe caiu no coração.

*(O Evangelho segundo o Espiritismo,
Capítulo 18, item 15, Boa Nova Editora.)*

Você é uma pessoa entusiasmada?

Entusiasmo é um estado que impele a criar ou agir com ardor e satisfação, um movimento profundo da sensibilidade que leva ao amor ou à admiração por algo ou alguém.

Quando a pessoa perde o entusiasmo, ela fica sem brilho, sem inspiração e com falta de vontade. Pode-se dizer que é quase um estado de morte, tendo em vista que nada empolga. Isso é triste e desmotivador.

Qual foi a última vez que você se encantou com algo?

Somos dotados de aptidões e valores que precisam ser respeitados e seguidos. Quem realiza uma tarefa com base naquilo que sente e gosta de fazer vive entusiasmado.

Talvez seja a hora de refletirmos sobre qual é a importância que damos aos nossos gostos. Ao investir em atividades

Ideias que transformam

que nos dão satisfação, o entusiasmo surge, dando-nos força e vitalidade para admirar o mundo e sentir-nos confortáveis com ele.

Aí esses Espíritos têm que lutar, ao mesmo tempo, contra a perversidade dos homens e contra a inclemência da Natureza, duplo trabalho penoso que desenvolve, a uma só vez, as qualidades do coração e as da inteligência.

(O Evangelho segundo o Espiritismo, Capítulo 3, item 15, Boa Nova Editora.)

Ideias que transformam

Nosso planeta, segundo a escala espírita, é um planeta envolto em desafios para o espírito imortal.

Lutamos contra a nossa ignorância sobre as leis de amor, vivemos alterações inúmeras desde o nascimento e somos envolvidos por situações que estimulam o desenvolvimento das *qualidades do coração e as da inteligência*.

O sofrimento faz parte do processo evolutivo. Ele é fruto de nossa incapacidade em lidar com determinadas experiências.

Quem já fez uma breve análise da existência na atual encarnação percebeu que nenhum momento, por pior que tenha sido, deixou de apresentar uma solução.

Nem sempre veio a solução que desejávamos, porém, crescemos um pouco mais em maturidade.

Cleber Galhardi ditado por Matheus

Nos momentos difíceis, não desista. Pense que todo sofrimento é passageiro e, se desistir de lutar, pode ser que ele perdure por mais tempo.

O amor faz crescer

É que toda palavra ofensiva exprime um sentimento contrário à lei do amor e da caridade, que deve regular as relações dos homens e manter entre eles a concórdia e a união.

(O Evangelho segundo o Espiritismo,
Capítulo 9, item 4, Boa Nova Editora.)

Cleber Galhardi ditado por Matheus

Onde existe amor, as pessoas crescem!

Amar não implica dizer sim para tudo. Aliás, quando tudo é aceito, é grande a probabilidade de que haja ausência de amor.

Existem pessoas que acham que amar é deixar que o outro faça o que quer sem limite algum. E a consequência pode ser desastrosa quando um ser humano não sabe onde terminam seus direitos.

O medo de perder a admiração dos outros é um dos responsáveis pelo comportamento permissivo. Por conta dele, muitos relacionamentos se tornam problemáticos.

Quem ama com certeza dialoga quando recebe uma negativa, buscando entender o lado do outro em vez de ignorá-lo.

É melhor perder a presença de alguém que nos desrespeita do que conviver em sofrimento com imposições ofensivas.

Respeito por si e pelo outro

Respeita nos outros todas as convicções sinceras, e não lança o anátema àqueles que não pensam como ele.

(O Evangelho segundo o Espiritismo, Capítulo 17, item 3, Boa Nova Editora.)

Aprenda a evoluir passo a passo, sem desejar pular etapas. Precisamos caminhar e ter conquistas evolutivas paulatinamente.

Um passo importante no caminho é desenvolver o respeito. Primeiro respeito por si, para depois respeitar o outro em suas convicções.

Tenha respeito por aquilo que você sente. Aceite que as pessoas podem discordar do seu modo de agir, o que não deve causar autorrejeição.

Nem sempre é possível ter amor por todos, devido ao nosso atual estado evolutivo, mas respeito é algo que está ao nosso alcance.

Respeitar não quer dizer concordar com tudo o que o próximo faça. Quem respeita repreende o comportamento que considera inadequado e busca entender as razões que levaram a pessoa a ter esse determinado comportamento.

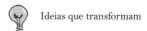 Ideias que transformam

Quem não respeita agride o outro, porque não sabe conviver com as diferenças.

Faça do respeito uma ferramenta de paz. Aceite os outros como são e se aceite do jeito que você é.

Pequenas oscilações

A vida é difícil, eu o sei; ela se compõe
de mil nadas que são picadas
de alfinetes que acabam por ferir;
mas é preciso considerar os deveres
que nos são impostos, as consolações
e as compensações que temos
por outro lado, e, então, veremos
que as bênçãos são mais
numerosas do que as dores.

*(O Evangelho segundo o Espiritismo,
Capítulo 9, item 7, Boa Nova Editora.)*

Ideias que transformam

Quem passou por uma grande dificuldade sabe que ela sempre atrai ajuda de uma pessoa amiga. Recebemos atenção, apoio e, toda vez que se faz necessário, há sempre alguém por perto.

Sentimo-nos mais seguros e aos poucos nos recuperamos, dando prosseguimento em nossa vida.

É preciso estar atentos aos pequenos acontecimentos do dia a dia. Quantas vezes sentimos raiva, ansiedade, medo e tantas outras coisas que consomem nossa energia?

Se ignorarmos essas pequenas oscilações de sentimentos, poderemos ter problemas no futuro, inclusive gerando doenças. São tantas as vezes que bombardeamos nosso organismo, que ele não resiste.

Resta-nos, portanto, prestar mais atenção aos pequenos acontecimentos cotidianos. Afinal, são instantes em que

Cleber Galhardi ditado por Matheus

pensamos que nos encontramos so-
zinhos, mas esquecemos que sempre
haverá uma força para nos equilibrar e
aí podemos dizer: "Eu fui forte mas não
estava sozinho".

Verdade que liberta

Dizei-me se o acontecimento mais feliz para o momento, mas que tem consequências funestas, não é, em realidade, mais infeliz que aquele que causa primeiro uma viva contrariedade, e acaba por produzir o bem?

(O Evangelho segundo o Espiritismo,
Capítulo 5, item 24, Boa Nova Editora.)

A verdade sempre liberta, entretanto em um primeiro momento ela pode fazê-lo perder o chão que falsamente te segurava.

Toda vez que desmoronam as nossas ilusões, parece que o mundo todo desabou sobre nossas cabeças.

A vontade é de nos escondermos, ficarmos quietos, sem a presença de ninguém junto a nós. Não raro um turbilhão de sensações tumultua nosso ser.

Pensando um pouco friamente, constatamos que a verdade dói, sim. Só que ela também nos tira do transe em que estávamos.

O que é melhor: alimentar uma ilusão, ou seja, situação que não existia ou enfrentar a realidade e buscar um novo direcionamento para a vida?

Mesmo sofrendo, aprenda com a desilusão!

Ideias que transformam

Saiba que a verdade aparece sempre com o intuito de libertar, de nos tirar do cativeiro de situações que existiam somente em nosso pensamento e não faziam parte da realidade.

Não sinta novamente

No mundo em que estais, todos os ressentimentos terrestres devem se extinguir. Para vossa felicidade futura, de hoje em diante, que possais a eles ser inacessível. Perdoai, pois, àqueles que procederam mal para convosco, como vos perdoam os que podeis ter procedido mal para com eles.

(O Evangelho segundo o Espiritismo, Capítulo 28, item 60, Boa Nova Editora.)

Ideias que transformam

Ressentimento é a capacidade de sentir novamente. É quando ficamos presos a uma situação vivendo-a várias vezes e tornando a sentir tudo mais uma vez.

Ficamos algemados às palavras e sensações passadas. Vivemos a cena integralmente e deixamos que a mágoa e a raiva nos dominem.

Ressentido é aquele que perdeu a capacidade de viver o momento presente. Como está fora da realidade, inibe a capacidade de expressar sua força no dia de hoje.

A pessoa ressentida sente a decepção e o peso de sua experiência. Predispõe-se, assim, a ter do mundo uma visão negativa.

Saia do ressentimento. A situação não voltará. Aceite o que aconteceu e comece novamente.

O ganho que fica é o amadurecimento. Enquanto o ressentido carrega algo

Cleber Galhardi ditado por Matheus

desagradável, quem perdoa está pronto para novas experimentações e abre espaço para a espontaneidade. Sabe olhar para frente e acredita que algo melhor o espera.

A coragem do assertivo

A coragem da opinião sempre foi considerada entre os homens, porque há mérito em afrontar os perigos, as perseguições, as contradições, e mesmo os simples sarcasmos, aos quais se expõe, quase sempre, aquele que não teme confessar claramente ideias que não são as de todo o mundo.

(O Evangelho segundo o Espiritismo, Capítulo 24, item 15, Boa Nova Editora.)

Cleber Galhardi ditado por Matheus

Seja sempre assertivo. Assertivo é aquele que assume totalmente o que sente e pensa, mesmo que isso contrarie o senso comum.

Ele não fica tentando convencer as pessoas sobre seu ponto de vista nem faz consenso para tomar suas decisões; não teme confessar claramente ideias que não são as de todo o mundo.

O assertivo entende que, cedo ou tarde, todos lidam com as consequências de suas decisões. Sabe que é melhor pagar o preço por aquilo que se sente do que pagar pela omissão.

Responsabilidade é a marca registrada da pessoa assertiva. Ela não fica culpando o mundo pelo que ela é, e trabalha sempre para melhorar, sem esperar que alguém faça isso por ela.

Não teme seus equívocos, e sempre assume quando comete uma falha. Entende que mais importante que ter

Ideias que transformam

razão é a capacidade de se transformar e evoluir.

Jesus era o exemplo vivo do homem assertivo. Assumia suas ideias, trabalhava por elas e, mesmo pagando com a própria vida, foi leal àquilo que sua consciência pedia.

Grau de responsabilidade

...em uma, o trabalho está feito,
na outra está por fazer. Deus, que é justo,
considera todas essas diferenças na
responsabilidade dos atos e dos
pensamentos do homem.

*(O Evangelho segundo o Espiritismo,
Capítulo 8, item 7, Boa Nova Editora.)*

Ideias que transformam

Ao se impor responsabilidades hércules, você tem sérias chances de se esmagar.

É sempre perigoso assumir posturas que não estão em acordo com nosso estágio evolutivo.

O risco é desanimar ou ficar vivendo em desacordo com aquilo que somos verdadeiramente.

Quem opta por viver assim possui um linguajar que não é natural e frequentemente utiliza gestos que não lhe pertencem. Toma ares de santidade e se cobra em demasia.

O resultado é sempre frustrante, porque essa pessoa se trai na primeira contrariedade.

Seja você mesmo. É mais fácil, e aqueles que se declararem seus amigos o farão por força da realidade, e não por um papel que você sabe que não vai desempenhar eternamente.

Cleber Galhardi ditado por Matheus

Caminhe! A vida não pede para nós nada além do que estamos aptos a oferecer. Deus sempre considera as diferenças evolutivas nos atos e nas atitudes dos homens.

Erros e consequências

Rendamos graças a Deus que, na sua bondade, concede ao homem a faculdade da reparação e não o condena irrevogavelmente sobre uma primeira falta.

(O Evangelho segundo o Espiritismo, Capítulo 5, item 8, Boa Nova Editora.)

Poucos são os que têm coragem suficiente para assumir seus erros e responsabilidade para corrigi-los.

Entenda que errar é algo inevitável na caminhada evolutiva.

Alguns erros causam transtornos maiores, mas não fique se torturando por desvios cometidos. Entenda que eles aconteceram devido a sua inexperiência.

O problema não está no erro, e sim em deixar de assumir as consequências do que se fez.

A alma madura sabe que durante a caminhada corre-se o risco de alguns tropeços, mas isso não a impede de tomar para si a responsabilidade e tentar novamente.

Os imaturos, ao contrário, buscam dar explicações excessivas e apontam um culpado para o próprio fracasso.

Não tema assumir as consequências. Seja maduro e refaça sua vida sentindo que depende da sua força corrigir e seguir adiante.

Pratique filosofia

Mas também os Gentios não
são mais um povo, porém uma opinião
que se encontra por toda parte, e
da qual a verdade triunfa pouco a pouco,
como o Cristianismo triunfou
do Paganismo. Não é mais com as armas
de guerra que são combatidos,
mas com o poder da ideia.

*(O Evangelho segundo o Espiritismo,
Capítulo 24, item 10, Boa Nova Editora.)*

Cleber Galhardi ditado por Matheus

A palavra filosofia quer dizer "amante da sabedoria".

Não é preciso ser capaz de desenvolver um raciocínio complexo para praticar filosofia. Basta ter o desejo do conhecimento e buscar a reflexão.

O ato de filosofar estimula o raciocínio e amplia a capacidade de admirar a existência.

Fale com outras pessoas sobre sua visão do universo, da vida, dos animais e de tudo o que o cerca.

Ouça as opiniões de outras culturas e religiões, e não faça julgamentos preconcebidos, reflita sempre por si mesmo novas formas de entender o universo.

O verdadeiro sábio não tem a pretensão de conhecer toda a verdade. Ele é apaixonado pelo conhecimento e está sempre pronto para estimular seu raciocínio e o dos outros.

É por isso que o Espiritismo tem o princípio filosófico como uma de suas bases.

Mais de você, menos do outro

Com qual direito se exigiria de seus
semelhantes mais de bons procedimentos,
de indulgência, de benevolência e de
devotamento do que se os tem
para com eles?

*(O Evangelho segundo o Espiritismo,
Capítulo 11, item 4, Boa Nova Editora.)*

Cleber Galhardi ditado por Matheus

Por mais amor que tenhamos pelos nossos entes queridos, não somos capazes de fazê-los evoluir.

Nem mesmo Jesus Cristo, que era a manifestação do mais puro amor, foi capaz de provocar a evolução em todas as pessoas. Ele ensinava, orientava e, mesmo assim, não conseguiu converter a todos.

Evitamos muitas brigas quando entendemos que não somos capazes de mudar o jeito de ser dos que estão à nossa volta.

Quando entendemos isso, passamos a impor a nós as mudanças que desejamos ver nos outros.

Será que você é a pessoa que cobra que as demais sejam? Como exigir se nem mesmo você é aquilo que deseja?

Faça o que puder por você e espere pouco dos outros. Assim, serão evitados muitos aborrecimentos.

Novos voos

Felizes sereis quando os homens vos
carregarem de maldições e vos
perseguirem, e disserem falsamente
toda espécie de mal contra vós,
por minha causa.

*(O Evangelho segundo o Espiritismo,
Capítulo 28, item 50, Boa Nova Editora.)*

Quem já viu uma aeronave levantar voo deve ter percebido algo curioso: quanto mais ela se eleva, menor parece aos nossos olhos.

Não estranhe a reação das pessoas quando você mudar de postura e passar a adotar um novo comportamento, amparado nas lições que o Espiritismo recomenda.

Quem age destoando da opinião da maioria tem sérias possibilidades de receber críticas.

Não se deixe intimidar. Nem mesmo Jesus foi compreendido, mas jamais deixou de levar sua mensagem de amor ao mundo.

Recorde-se de que seu compromisso é sempre com sua consciência e não com o apoio alheio, que emana dos que ainda não despertaram para o caminho do bem.

Pense que está se distanciando da terra da ignorância e alçando voo para

Ideias que transformam

novas escalas de pensamento e formas de se comportar.

Entenda que os críticos são seres humanos com necessidades, problemas e carências iguais às que você possui e que um dia serão despertos pelas leis divinas.

O ponto inicial

Para o crente, mas para o espírita sobretudo, a maneira de ver é diferente, porque ele considera o passado e o futuro, entre os quais a vida presente não é senão um ponto.

(O Evangelho segundo o Espiritismo, Capítulo 12, item 4, Boa Nova Editora.)

Ideias que transformam

Existe sempre uma curiosidade enorme para saber quem fomos no passado.

Às vezes é difícil descobrir quem fomos, porém, é muito simples saber o que fizemos. Basta olhar onde estamos e o que está acontecendo conosco agora.

O hoje reflete exatamente o que fizemos e como nos comportamos. O presente está bom? Gostaria que estivesse melhor? Sente falta de alguma coisa?

O que quer que o momento atual contenha, aceite-o como resultado de escolhas feitas. Trabalhe a seu favor, não contra si. Torne a vida de hoje sua amiga e aliada.

A boa notícia é que sempre temos a oportunidade de preparar um futuro melhor; que está quase que totalmente em nossas mãos.

Analise o que você gostaria de encontrar no futuro e comece a trabalhar agora. A vida presente é o ponto que marca a nova caminhada.

Quem doa o melhor para si caminha mais facilmente para a felicidade e aceita cada novo dia como uma oportunidade para semear a futura colheita que logo chegará.

Sobre a morte

... a morte nada mais tem de apavorante; não é mais a porta do nada, mas a da libertação que abre, ao exilado, a entrada de uma morada de felicidade e de paz.

(O Evangelho segundo o Espiritismo, Capítulo 2, item 5, Boa Nova Editora.)

Por que temos tanto medo de falar da morte?

Essa é uma questão que tira a tranquilidade de muitas pessoas. Tratar da finitude do corpo causa medo e faz com que nos distanciemos de conversas sobre ter que deixar o corpo algum dia.

A partir do momento em que nascemos, caminhamos naturalmente para o término de nossa passagem pelo mundo material. Tudo o que é vivo passará por uma transformação em algum momento.

Não veja a morte como inimiga; ela é apenas a passagem para um outro plano.

Quem aceita e leva a sério o fato de ter que partir deste mundo dá valor ainda maior para a vida.

Aproveite o dia de hoje e pense em como transformá-lo em algo especial. Pode ser que amanhã você não esteja aqui.

Ideias que transformam

Procure falar mais sobre o tema "morte". Dentro do possível, acabe com o mito de ela ser o fim de tudo, afinal, sabemos que somos eternos e que morrer é abrir as portas para uma nova realidade.

Não ceda à crítica

A censura lançada sobre a conduta de outrem pode ter dois motivos: reprimir o mal ou desacreditar a pessoa cujos atos se criticam; este último motivo não tem jamais desculpa, porque é da maledicência e da maldade.

(O Evangelho segundo o Espiritismo,
Capítulo 10, item 13, Boa Nova Editora.)

Ideias que transformam

Quem encontra um canteiro repleto de ervas daninhas que sufocaram as hortaliças pode imaginar as consequências da negligência do lavrador.

Será que a responsabilidade pelo insucesso do cultivo foi das ervas?

Podemos utilizar esse exemplo como metáfora para traçarmos um paralelo sobre os nossos sonhos e as críticas que recebemos.

Quantos desistem somente por não terem recebido apoio ou por terem sido avaliados negativamente!

De quem é a culpa? Dos críticos, ou de quem cedeu?

Para ter sucesso é necessário acreditar em si. As ervas daninhas da crítica não podem ser mais fortes que o desejo do lavrador em ver seu sonho se realizar.

Não desista por conta de opiniões desfavoráveis. Cultive sempre seus sonhos e aguarde os frutos do sucesso, que serão colhidos no momento oportuno.

Coragem da opinião

A coragem da opinião sempre foi considerada entre os homens, porque há mérito em afrontar os perigos, as perseguições, as contradições, e mesmo os simples sarcasmos, aos quais se expõe, quase sempre, aquele que não teme confessar claramente ideias que não são as de todo o mundo.

(O Evangelho segundo o Espiritismo, Capítulo 24, item 15, Boa Nova Editora.)

Ideias que transformam

Não se intimide em dizer aquilo que pensa.

Não precisa ter medo de ser tachado como uma pessoa estranha pelo simples fato de falar o que está sentindo.

Quem fala para agradar corre o risco de não ter opiniões próprias, pois tenta comentar somente o que convém a quem ouve.

Aprenda a se expressar. Dê sua opinião mesmo que ela não seja aquela que estão esperando.

Para falar o que pensa, não é necessário ser agressivo ou maldoso. Procure ponderar para não ofender. Frases como: "Entendo que...", "Essa é minha opinião..." ajudam a falar sem imposição.

Quem procura agradar a todos acaba por não agradar ninguém. Não se esqueça de que Jesus foi o maior de todos os homens e em momento algum deixou de expressar aquilo que pensava por medo de desagradar.

Valor da amizade

Esse sentimento resulta mesmo de uma lei física: a da assimilação e da repulsão dos fluidos; o pensamento malévolo dirige uma corrente fluídica cuja impressão é penosa; o pensamento benevolente vos envolve de um eflúvio agradável; daí a diferença de sensações que se experimenta à aproximação de um amigo ou de um inimigo.

(O Evangelho segundo o Espiritismo, Capítulo 12, item 3, Boa Nova Editora.)

Ideias que transformam

Quantos amigos você possui? Pense no número de pessoas que conseguiu conquistar e que pode afirmar serem amigos verdadeiros.

Jamais está sozinho quem desfruta de belas amizades. Um amigo acolhe e facilita a caminhada.

Tem momentos em que nos encontramos presos a situações complicadas, sentindo-nos desorientados, mas o fato de conversarmos com um amigo, externando o que nos vai no íntimo, faz-nos sentir melhores.

Aceite que aqueles que querem o nosso bem nem sempre concordarão conosco. Existem momentos em que é mais importante um "não" que ajude a refletir que um "sim" que estimule a cometer erros.

Não queira perfeição dos seus amigos. Dê a eles a possibilidade de se equivocar e jamais lhes negue a possibilidade do perdão.

Cleber Galhardi ditado por Matheus

Se você tem afeto verdadeiro por alguém, aceite-o como ele é, valorizando as qualidades que possui e ajudando-o a superar as dificuldades que o impedem de evoluir.

A pior solidão é a do homem sem amigos. A falta deles torna o mundo árido como um deserto.

Confiança na Providência

Somente aquele que considera o futuro não atribui ao presente senão uma importância relativa, e se consola facilmente com seus fracassos, pensando na destinação que o espera.

(O Evangelho segundo o Espiritismo, Capítulo 2, item 6, Boa Nova Editora.)

A vida na Terra, chamado mundo de provas e expiações, nem sempre segue o rumo que desejamos.

Elaboramos planos, criamos projetos e sonhamos com o futuro ideal.

Temos o direito de querer o melhor e buscar uma maneira de viver que nos garanta um mínimo de bem-estar.

É importante aceitar, porém, que as leis de Deus, às vezes, nos conduzam para uma mudança de rota.

Quando formos chamados às alterações no caminho, saibamos respeitar e confiar na Providência Divina.

Mesmo envolto em contrariedade, caminhe. Aceite a nova fase e faça com que cada dia possa ser uma luz que se acende em torno de seus passos.

Dar ao presente uma importância relativa não é menosprezá-lo. É assimilar que diante da Vida Maior existem necessidades que desconhecemos, e que compete às leis de Deus fazerem sua parte.

Pais e filhos

Ai! pois, daquele que esquece o que deve aos que o sustentaram em sua fraqueza, que com a vida material lhe deram a vida moral, que, frequentemente, se impuseram duras privações para assegurar seu bem-estar!

(O Evangelho segundo o Espiritismo, Capítulo 14, item 3, Boa Nova Editora.)

O Espiritismo ensina que, antes de sermos pais ou filhos, somos espíritos que se encontram para ajustes e aprendizado mútuo.

Os pais não podem fugir da responsabilidade de educar seus filhos. Cumpre observar que, sob o olhar da eternidade, existe sempre a oportunidade de aprender uns com os outros.

O fato de educar não quer dizer ensinar sempre. É importante que os genitores tenham a humildade de aprender com os mais jovens.

A recíproca também é verdadeira. Os filhos precisam aceitar as experiências que lhes são transmitidas e evitar a falsa ideia de que os mais velhos são ultrapassados em seus conceitos.

Chegada a maturidade, pais e filhos podem e devem se tornar amigos, ter cumplicidade e dividir alegrias e dificuldades.

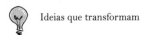 Ideias que transformam

Mais que papéis sociais, vale a amizade que envolve os espíritos que reencarnam na mesma família. Todos são filhos da existência e anseiam pelo desenvolvimento espiritual.

Dinheiro

Não se lhe perguntará: Quanto tínheis sobre a Terra? Que posição nela ocupáveis? Éreis príncipe ou operário? Mas, se lhe perguntará: O que dela trazeis?

(O Evangelho segundo o Espiritismo, Capítulo 16, item 9, Boa Nova Editora.)

Ideias que transformam

No mundo atual, o dinheiro desempenha papel fundamental na vida das pessoas.

Infelizmente não sabemos lidar com a questão monetária. Tachamos o dinheiro como algo ruim e prejudicial.

O dinheiro em si não é bom nem ruim. O que fazemos dele é que determina seu valor.

Não nos esqueçamos de que podemos utilizar os recursos financeiros para ter uma vida confortável.

Dinheiro precisa estar no bolso ou circulando, e nunca dominando nosso pensamento.

Quem fica escravo do dinheiro se entrega à ganância e está constantemente fora de si; o resultado é o sofrimento de quem nunca se sente feliz com o que tem.

Mais importante que a quantia que amontoamos é a capacidade de ser autônomo. A maior herança que podemos levar da Terra é nossa capacidade de nos dominar.

O poder da prece

Seria ilógico concluir desta máxima: "o que quer que seja que pedirdes pela prece vos será concedido", que basta pedir para obter, e seria injusto acusar a Providência porque não cede a todo pedido que lhe é feito, pois ela sabe, melhor do que nós, o que é para o nosso bem.

(O Evangelho segundo o Espiritismo, Capítulo 27, item 7, Boa Nova Editora.)

Ideias que transformam

Quando oramos, é comum solicitar alguma coisa. Em nossos pedidos, sempre desejamos que algo se transforme.

É natural que queiramos que as coisas sigam o destino que acharmos melhor.

Tenha cuidado para não se revoltar quando Deus não atender às suas solicitações. O resultado de nossas preces nem sempre serão vistos nas consequências que queremos. Existem necessidades evolutivas que escapam à nossa percepção e das quais somente Deus sabe.

Se isso ocorrer, busque observar o resultado das orações na sua intimidade e na capacidade de aceitar que as leis de Deus sabem melhor que nós aquilo de que necessitamos.

Admire, mas siga o mestre!

Todos aqueles que proclamam a missão de Jesus dizem: Senhor! Senhor! Mas de que serve o chamar Mestre ou Senhor se não lhe seguem os preceitos?

(O Evangelho segundo o Espiritismo,
Capítulo 18, item 9, Boa Nova Editora.)

Ideias que transformam

Ouça com confiança o mestre, mas não fique preso na figura dele, e sim no ensinamento que ele transmite.

É comum encontrar adeptos que idolatram exageradamente a imagem de um mestre. Quem faz isso fica preso à pessoa e coloca os ensinamentos em segundo plano.

De que adianta ter a imagem de Jesus em nossa mente se não praticamos aquilo que ele ensinou?

Prender-se ao personagem histórico é um sinal de respeito. Adotar os preceitos induz à renovação e valida o que foi ensinado.

Tenha certeza de que o verdadeiro mestre coloca sua mensagem acima de sua imagem.

Desconfie daqueles que querem ser mais importantes do que a mensagem que ensinam.

Qual é a intenção?

Mas Jesus, conhecendo sua malícia,
disse-lhe: Hipócritas, por que me tentais?

*(O Evangelho segundo o Espiritismo,
Capítulo 11, item 5, Boa Nova Editora.)*

Ideias que transformam

As palavras carregam energia. Sempre existe uma intenção e um sentimento quando alguém nos conta algo.

Tudo o que nos chega aos ouvidos precisa passar pelo filtro da percepção antes de ser endossado.

Infelizmente, poucos são aqueles que estão atentos aos sinais energéticos das frases endereçadas a eles.

Quem foge a essa análise está sujeito a ser enganado e a adotar pontos de vista com base apenas naquilo que escutou.

Isso não quer dizer adotar sempre uma postura defensiva. Quem age assim é extremista e não consegue ter diálogos autênticos.

Na próxima vez que alguém vier lhe contar algo, procure sentir as vibrações implícitas nas frases. Não dê opiniões precipitadas e saiba se defender de conversas improdutivas.

Percepção e progresso

O progresso é uma das leis da Natureza; todos os seres da Criação, animados e inanimados, a ele estão submetidos pela bondade de Deus, que quer que tudo engrandeça e prospere.

(O Evangelho segundo o Espiritismo, Capítulo 3, item 19, Boa Nova Editora.)

Ideias que transformam

Confie em sua percepção. Deus deu a cada criatura que Ele criou, em todos os reinos da natureza, a capacidade de se desenvolver.

Um dos problemas que enfrentamos é a falta de habilidade em sentir, na intimidade, força para progredir.

As experiências passadas ensinaram que sempre é possível trabalhar para construir uma vida melhor.

O mal que nos atingiu, com o tempo, demonstrou que era o bem que não soube ser interpretado.

O que você pensa é uma crença, e toda crença é uma forma de criação que se realizará um dia.

Jamais sinta-se incapaz de recomeçar. Deus é bondade suprema, *quer que tudo engrandeça e prospere*, e nunca permitirá que um filho seu fique sem amparo e deixe de cumprir com sua tarefa evolutiva.

Aprenda a filtrar o que dizem

Eu venho vos dizer que quase todo o mundo se engana, e que a infelicidade real não é tudo aquilo que os homens, quer dizer, os infelizes, a supõem.

(O Evangelho segundo o Espiritismo, Capítulo 5, item 24, Boa Nova Editora.)

Ideias que transformam

Atribui-se ao filósofo Sócrates o conselho de submeter um comentário a três crivos. São eles: verdade, utilidade e bondade.

Não acredite em algo simplesmente porque foi dito. Será que seu interlocutor escutou realmente ou interpretou aquilo que está transmitindo?

Tudo o que nos chega passa por uma espécie de filtro interno e será interpretado. Nessa hora, há o risco de se cometerem equívocos. Quem está infeliz, por exemplo, fará uma leitura focada na infelicidade e observará sempre o lado triste da situação.

Lamentavelmente, ainda desperdiçamos tempo e energia com fatos que em nada melhoram nossa vida.

A curiosidade, quando mal orientada, prende-nos a coisas inúteis e que nada nos trazem de bom. São informações excessivas que ocupam espaço mental, dificultando a entrada de ideias que promovam o bem.

Se não é verdadeiro, útil ou bom, porque dar força e espaço em nossa intimidade para determinados comentários?

Tempestade e calmaria

O homem pode abrandar ou aumentar a amargura das suas provas pela maneira que encara a vida terrestre.

(O Evangelho segundo o Espiritismo,
Capítulo 5, item 13, Boa Nova Editora.)

Cleber Galhardi ditado por Matheus

Há momentos na vida em que você tem que aceitar a tempestade com a certeza de que após virá a bonança.

São grandes as chances de se aumentar o sofrimento quando se decide tomar decisões movidas pelo desespero.

Em momentos de agitação, não saia acusando as pessoas como sendo responsáveis pelos acontecimentos.

Evite também ficar com dó de si mesmo; lembre-se de que somos herdeiros de nossa forma de agir.

Toda tempestade amedronta e gera transtornos. Após o fim, contudo, sentimos a renovação do ar, e começa a transformação necessária à renovação.

Em meio à tempestade, os discípulos de Cristo entraram em desespero, mas Ele, assim que foi despertado, elevou-se a Deus e trouxe a calmaria em vez de se desesperar.

Ritmos

Deus nos deu, para nosso adiantamento, justamente o que nos é necessário e pode nos bastar: a voz da consciência e nossas tendências instintivas, e nos tirou o que poderia nos prejudicar.

(O Evangelho segundo o Espiritismo, Capítulo 5, item 11, Boa Nova Editora.)

Quanto maior a velocidade, mais difícil fica apreciar a paisagem.

Valorize o percurso; é impossível chegar ao fim do caminho sem galgar cada passo.

Verifique qual é seu ritmo interno. Toda vez que fugir dele, a chance de gerar cobranças desnecessárias aumentará.

Cada um possui um ritmo, e ninguém consegue agir harmonicamente impondo-se o ritmo de outro.

Procure atividades que se ajustem às suas características. O trabalho ideal é aquele que traz satisfação, e não aquele que nos sentimos obrigados a realizar.

Deus quer de nós somente aquilo que nosso grau evolutivo permite – nem a aceleração que gera a ansiedade nem a parcimônia que resulta em omissão.

Estimule sua inteligência

A atividade, necessitada por esses
mesmos trabalhos, aumenta e desenvolve
a sua inteligência; essa inteligência,
que ele concentra primeiro na
satisfação das necessidades materiais,
o ajudará mais tarde a compreender
as grandes verdades morais.

*(O Evangelho segundo o Espiritismo,
Capítulo 16, item 7, Boa Nova Editora.)*

O chamado processo evolutivo é uma realização contínua e prolongada pela qual o espírito passa.

Não existe salto em relação ao nosso desenvolvimento espiritual. Não queira pular etapas.

Para estar em conformidade com as leis, comece fazendo o que é necessário, depois parta para o que é possível, e, finalmente, você estará fazendo algo que considerava improvável.

Não afirme que está fora do seu alcance o trabalho no bem. Pelo contrário, estimule sua inteligência e desenvolva-se.

Os espíritos amigos não desejam sua perfeição na presente encarnação. Eles pedem apenas boa vontade e trabalho firme.

Evite adotar comportamentos que não condizem com sua realidade espiritual. Isso o distancia de sua essência e em nada colaborará para que você se torne uma criatura mais evoluída.

Crises

O homem, geralmente, não vê senão
o presente; ora, se o sofrimento
é útil à sua felicidade futura, Deus o
deixará sofrer, como o cirurgião
deixa o doente sofrer uma operação,
que o deve conduzir à cura.

(O Evangelho segundo o Espiritismo,
Capítulo 27, item 7, Boa Nova Editora.)

Crise é um estado de transição que entra em nossa vida em várias oportunidades, não importa a idade que tivermos.

Em relação a algumas, entendemos as razões que as desencadearam; quanto a outras, demoramos para enxergar os motivos que levaram a esse estado. Os níveis também variam em intensidade e consequências.

Enxergue a crise como um momento de reflexão que antecede a transformação para uma vida melhor.

Não se deixe dominar pelo medo ou por outros problemas desencadeados por uma mudança brusca que pede, na maioria das vezes, a saída de uma zona de conforto.

Para a lagarta, a crise do rompimento do casulo antecede o voo para se lançar ao infinito.

Para nós, humanos, toda situação acompanhada de incerteza é a mudança de paradigmas que será seguida por uma nova consciência.

Nos desafios é que nos descobrimos

As provas, entretanto, se multiplicam ao seu redor; porque, pois, se recusam em vê-las? Nuns, é negligência; em outros, medo de serem forçados a mudar seus hábitos...

(O Evangelho segundo o Espiritismo, Capítulo 19, item 7, Boa Nova Editora.)

É nos momentos de dificuldade que demonstramos como está nosso grau de entendimento da vida.

Quando tudo está bem, é muito fácil falar das nossas teorias e explanar nossos conhecimentos.

O melhor jeito de medir se nossa teoria está definitivamente incorporada em nós é quando somos atingidos por "tempestades" existenciais.

É em épocas de desafio que podemos observar nosso comportamento, não quando nos sentimos confortáveis.

Olhe para esses instantes serenamente e aproveite para se avaliar. Caso detecte que a teoria não está acompanhada da prática, procure se trabalhar interiormente.

Conscientize-se de suas fraquezas e medos, e, se necessário, busque ajuda. Não há problema nenhum em

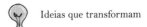 Ideias que transformam

descobrir suas fragilidades; o problema existe quando negamos a nós mesmos a chance de melhorar.

Fé e ação

O homem de gênio que persegue a realização de alguma grande empresa triunfa se tem fé, porque sente em si que pode e deve alcançar, e essa certeza lhe dá uma força imensa.

(O Evangelho segundo o Espiritismo, Capítulo 19, item 12, Boa Nova Editora.)

Ideias que transformam

Acreditar em si é fundamental para atingir um objetivo. Ter fé abre campo para as nossas realizações.

Por outro lado, duvidar de seu potencial pode representar o fim de qualquer empreendimento, seja ele espiritual ou material.

Ter fé no próprio poder de realização não dispensa treino nem aprendizado. Muito menos garante que não haverá fracassos pelo caminho. O diferencial é que a pessoa com fé irradia sucesso e atrai para si situações e circunstâncias que a ajudarão a realizar as obras que deseja.

Jesus sempre recomendou fé e ação. Disse que poderíamos realizar tudo o que Ele realizou e muito mais.

Quando se sentir tocado por um ideal e perceber que o impulso vem de sua essência, acredite em você e seja obstinado. Aguarde o recurso do tempo e tenha certeza de que seu sonho se materializará.

Supérfluo

... mas o homem, insaciável em seus desejos, não sabe sempre se contentar com o que tem; o necessário não lhe basta, lhe é preciso o supérfluo; é então que a Providência o deixa entregue a si mesmo.

(O Evangelho segundo o Espiritismo, Capítulo 25, item 7, Boa Nova Editora.)

Ideias que transformam

A maturidade ensina muito. Quanto mais velhos nos tornamos, maior é nossa habilidade em selecionar.

Passamos por etapas em que colocamos informações demais em nossa memória. Lemos o máximo possível, assistimos a diversos programas, ouvimos notícias, enfim, obtemos uma gama de mensagens.

Tudo tem seu valor, mas também tem prazo de validade.Assim como ocorre com os bens materiais, podemos também continuar a manter ideias supérfluas.

Para conquistar conhecimentos, adicionamos informações. Na medida em que nos tornamos sábios, porém, começamos a selecionar o que serve e excluir o excesso.

Aprenda a selecionar. Classifique os temas mais importantes sob seu ponto de vista e dê maior atenção a eles. Quanto aos demais, entenda que podem ficar em segundo plano. Elimine definitivamente os que em nada contribuem para seu bem-estar.

Aproveite e faça o mesmo com conversas, atividades, teorias, tendo a certeza de que ficará mais leve e com tempo suficiente para usufruir daquilo que realmente vale a pena.

Não fique na ignorância

Se eles se recusam em reconhecer
a verdade, é porque seu Espírito não
está ainda maduro para a compreender,
nem seu coração para a sentir.

*(O Evangelho segundo o Espiritismo,
Capítulo 7, item 10, Boa Nova Editora.)*

Um dos significados de ignorância é: desconhecer por não ter a experiência, a prática de alguma coisa.

Jamais tenha medo de manifestar sua ignorância. Não há nenhuma vergonha nisso. Aliás, quem está mais próximo da verdade: quem afirma não saber ou aquele que fala do que desconhece?

Podemos poupar discussões improdutivas pelo simples fato de dizer "Não sei".

Não será por meio da ignorância que solucionaremos nossas dificuldades. É necessária certa dose de conhecimento para tal.

Naturalmente que a ignorância não pode ser uma justificativa para a inércia. Após aceitá-la, dê o próximo passo, que é procurar se enriquecer com experiências e informações seguras.

O que você gostaria de conhecer: o perdão, o amor, o mundo espiritual, a coragem? Exercite suas virtudes e descubra o universo de possibilidades latentes que você carrega em seu íntimo.

Não seja egoísta

Para se julgar a si mesmo, seria
preciso poder se olhar num espelho,
transportar-se, de alguma sorte, para fora
de si e se considerar como uma outra
pessoa, em se perguntando: Que pensaria
eu se visse alguém fazendo o que faço?

(O Evangelho segundo o Espiritismo,
Capítulo 10, item 10, Boa Nova Editora.)

Para enxergar muita coisa, é preciso tirar os olhos de si mesmo, aceitar suas limitações e olhar mais adiante.

O egoísta é aquele que julga sua visão a melhor de todas e não admite que alguém saiba mais do que ele. Tem amor exagerado aos próprios interesses a despeito dos de outrem.

Os egoístas são pessoas fechadas em seu corpo de conhecimento, sem se permitir serem tocados por outros pensamentos.

Outra marca registrada do egoísmo é a capacidade de criticar. Até mesmo em relação a temas desconhecidos, o egoísta sempre quer impor sua versão da realidade.

Preste atenção na forma como você se comporta em um diálogo. Muitas discussões podem ser evitadas quando aprendemos a ser menos egoístas, aceitando que não é obrigação do outro acatar cegamente nossa opinião.

Ideias que transformam

Antes de partir para uma discussão improdutiva, vale sempre a pergunta: O que eu pensaria se visse alguém fazendo o que faço?

Talentos

E tendo dado cinco talentos a um, dois a outro e um a outro, segundo a capacidade diferente de cada um, logo partiu.

(O Evangelho segundo o Espiritismo, Capítulo 16, item 6, Boa Nova Editora.)

Ideias que transformam

Nutrir admiração por alguém que possui determinada habilidade é um hábito saudável e pode servir de estímulo para nosso crescimento pessoal.

Muitas vezes ficamos com receio de dizer a alguém o quanto ele é especial por realizar determinadas tarefas com facilidade.

Olhe para essas pessoas como criaturas que aprenderam a dar o devido valor aos talentos que herdaram da natureza. Mesmo tendo necessidades em algumas áreas, elas sabem aproveitar o que possuem de bom.

Quem as admira aprendeu a observar o lado positivo dos que dividem com ele a caminhada existencial.

Talentos são forças da vida que nos estimulam ao progresso e nos ensinam a andar com mais segurança rumo à nossa felicidade.

Cleber Galhardi ditado por Matheus

Há uma beleza especial na admiração: é a possibilidade, para quem ainda não percebeu, de que também poderá, um dia, ser admirado.

Caminhe!

Ide, pois, meus filhos bem-amados, caminhai sem vacilações, sem preconceitos, na rota bendita que empreendestes. Ide, ide sempre sem temor; afastai corajosamente tudo o que poderia entravar a vossa caminhada até o objetivo eterno.

(O Evangelho segundo o Espiritismo, Capítulo 21, item 8, Boa Nova Editora.)

Cleber Galhardi ditado por Matheus

Não deixe de acreditar, jamais, no bem, não importa o momento que esteja vivendo.

Ainda que a compreensão esteja distante, saiba que na hora certa você encontrará as respostas que procura. Nosso destino final é a felicidade e, para atingi-la, precisamos atravessar etapas que nem sempre são agradáveis.

Deus, que é soberanamente justo e bom, sempre indica, através dos acontecimentos, o melhor caminho a ser seguido.

Se a situação não for favorável, continue a caminhada, mesmo que a passos lentos.

Não existe mal que não termine. Somente o bem tem o poder de reinar por toda a eternidade.

Caridade de ensinar

O homem que vivesse só, não teria
caridade a exercer; não é senão no
contato com os semelhantes, nas lutas
mais penosas que disso encontra ocasião.

*(O Evangelho segundo o Espiritismo,
Capítulo 17, item 10, Boa Nova Editora.)*

Não há ninguém, independentemente do grau evolutivo, que não tenha a possibilidade de ensinar. Essa é mais uma forma de praticar a caridade.

Infelizmente condicionamos a prática do ensino somente às pessoas que possuem alguma graduação. Mas não se esqueça de que a vida é uma grande escola e, em relação aos temas existenciais, todos possuem experiências significativas.

Nem sempre as soluções estão em livros ou foram estudadas. Existem aquelas que surgem graças aos ensinos subjetivos que foram passados por meio da vivência.

Perceba que existem conhecimentos em seu interior que podem ser compartilhados. Lembre-se: você possui inúmeros recursos e foi colocado no caminho de algumas pessoas para aprender e também para ajudá-las a melhorar.

Ideias que transformam

Sinta-se capaz e faça prevalecer os conhecimentos colhidos durante sua jornada de vida.

Forças invisíveis

A verdadeira fé se alia à humildade; aquele que a possui coloca sua confiança em Deus mais do que em si mesmo, porque sabe que, simples instrumento da vontade de Deus, não pode nada sem ele...

(O Evangelho segundo o Espiritismo, Capítulo 19, item 4, Boa Nova Editora.)

Ideias que transformam

Por mais belo e imponente que um barco a vela possa parecer, ele só sai do lugar quando o vento o impulsiona. Vemos o barco e não vemos o vento, mas é o vento que tem o poder de tirar o barco do lugar.

Existem ocasiões em que precisamos deixar as coisas por conta das forças invisíveis que cuidam da existência.

Tudo o que foge à nossa capacidade de entender ou resolver precisa ser depositado nas "mãos" das leis divinas.

Aceite o fato de que, para resolver algumas coisas, você é impotente.

Fé é a capacidade de acreditar naquilo que não vemos e que tem o poder de nos tirar do lugar.

Aprenda a acreditar nas forças que regem a vida. Exercite a humildade aceitando que somos limitados e que é sempre positivo permitir que as forças invisíveis conduzam nosso caminho.

Qualidade do conhecimento

Qual é o homem que pode se gabar de a possuir inteiramente, quando o círculo dos conhecimentos aumenta sem cessar, e as ideias se retificam a cada dia? A verdade absoluta não pertence senão aos Espíritos de ordem mais elevada, e a Humanidade terrestre não a poderia pretender, porque não lhe é dado tudo saber...

(O Evangelho segundo o Espiritismo,
Capítulo 15, item 9, Boa Nova Editora.)

Ideias que transformam

Tão importante quanto conquistar conhecimento é saber qual o destino que vamos dar àquilo que acumulamos em nossa intimidade.

Conhecimento que não resulta em transformação para melhor é somente informação.

No mundo de hoje, graças à tecnologia, dispomos de inúmeras formas de buscar conhecimento. O lado ruim disso é que nos enchemos, em demasia, de ideias, sendo que muitas delas em nada contribuem para nossa renovação.

Aprenda a selecionar e descartar as informações que nos chegam através dos veículos de comunicação. Nem todas as notícias possuem conteúdo útil.

Não podemos medir qualidade de vida pelo número de coisas que sabemos, e sim pelo benefício que nos trazem as ideias que abraçamos.

Cleber Galhardi ditado por Matheus

Para descobrir o efeito e a qualidade do conhecimento, aprenda a testar as consequências daquilo que você considera uma verdade. Se forem boas, você pode mantê-lo; caso contrário, não tenha medo de conhecer novas formas de conhecimento.

Imaginação

Noutra acepção, a fé se diz da confiança que se tem no cumprimento de uma coisa, da certeza de atingir um fim; ela dá uma espécie de lucidez que faz ver, no pensamento, o fim para o qual se tende e os meios de atingi-lo, de sorte que aquele que a possui caminha, por assim dizer, com certeza.

(O Evangelho segundo o Espiritismo,
Capítulo 19, item 3, Boa Nova Editora.)

Todas as criações humanas, antes de se materializarem, tiveram uma boa dose de imaginação.

Imaginar é o primeiro passo para as grandes realizações.

Selecione alguns minutos do seu dia para se dedicar às criações mentais.

Como você gostaria de estar daqui a um, dois ou dez anos?

Imagine sua situação financeira, os relacionamentos, emprego, enfim, crie em seu interior a vida que considera ideal.

Alimente sua imaginação todos os dias. Saiba que, ao imaginar, você envia vibrações para o universo e atrai situações que irão concretizar suas criações mentais.

Somos hoje aquilo que criamos ontem. Crie hoje aquilo que será amanhã. Para isso, entenda que é preciso imaginar, atrair e realizar.

Divulgue o bem

Assim, pois, que estas palavras: "Nós somos pequenos", não tenha mais sentido para vós. A cada um sua missão, a cada um seu trabalho. A formiga não constrói o edifício da sua república, e os animálculos imperceptíveis não erguem os continentes?

(O Evangelho segundo o Espiritismo, Capítulo 1, item 10, Boa Nova Editora.)

Cleber Galhardi ditado por Matheus

Antes de tachar o mundo como um lugar perigoso de se viver, devido à ação daqueles que fazem o mal, pense na responsabilidade dos bons que são omissos e permitem que os maus avancem.

Não desanime em relação ao mundo em que vivemos. Ele é apenas fruto das criaturas que nele habitam.

Aumente o número de pessoas boas em seu círculo de convivência e crie o hábito de divulgar boas notícias.

Evite passar informações negativas para as pessoas; elas aumentam o medo e estimulam o pessimismo.

Toda vez que encontrar um bom exemplo, divulgue-o entre seus amigos.

Estimule as pessoas de bem a se unirem e a criar ações que possam valorizar o lado bom da vida.

Quais são as boas coisas que você possui? Pense nas pessoas que ama, na saúde física, nas oportunidades de crescimento, e constatará que existem mais coisas a agradecer do que das quais reclamar.

Não sofra por antecipação

Frequentemente, ele vos disse que
não colocava fardos pesados em ombros
fracos; o fardo é proporcional às forças,
como a recompensa será proporcional
à resignação e à coragem...

*(O Evangelho segundo o Espiritismo,
Capítulo 5, item 18, Boa Nova Editora.)*

O preocupado é aquele que, na maioria das vezes, sofre por antecipação, sem que as coisas ainda tenham acontecido.

Toda pessoa preocupada torna-se escrava da preocupação e sofre duplamente: com a situação que não aconteceu e com o sofrimento causado pela própria preocupação.

Pense em situações passadas que a vida solucionou antes mesmo que você tomasse qualquer providência.

Salvo exceções, o mal pode ser o bem que ainda não foi interpretado adequadamente. A situação que você teme pode anunciar a chegada de uma fase boa.

Não estamos no mundo para sofrer, e sim para nos ajustar em relação às leis divinas. Tudo o que nos envolve faz parte do plano da vida para nos fazer evoluir.

Por mais pesado que o fardo possa parecer, lembre-se de que Deus jamais

Ideias que transformam

nos dá algo que não temos forças suficientes para carregar.

Valorize o dia de hoje e viva confiante de que jamais faltará o apoio necessário para você ter sucesso em sua caminhada!

Reaja à insatisfação

Crede-me! Resisti com energia
a essas impressões que enfraquecem
em vós a vontade.

*(O Evangelho segundo o Espiritismo,
Capítulo 5, item 25, Boa Nova Editora.)*

Ideias que transformam

Se o progresso é uma longa caminhada, pode ser que o primeiro passo seja a insatisfação!

Não fique parado quando se sentir descontente. O descontentamento é apenas um indício de que é hora de mudar o percurso.

Quem fica parado quando não está se sentindo confortável com a estrutura de vida que possui investe na falta de vontade e corre um grande risco de cair no desânimo.

Ignorar o que sentimos não é o caminho mais adequado. Isso somente nos distancia da situação real.

Não minta para si mesmo! Assuma que algo não está do jeito que você gostaria e trace novos planos.

Invista em você e saia do lugar-comum. Visualize aonde desejaria estar e dê o primeiro passo. Saiba que todo grande homem jamais desprezou o que sentia e nunca foi omisso em relação aos seus sonhos.

Siga sua intuição

Deus nos deu, para nosso adiantamento, justamente o que nos é necessário e pode nos bastar: a voz da consciência e nossas tendências instintivas, e nos tirou o que poderia nos prejudicar.

(O Evangelho segundo o Espiritismo, Capítulo 5, item 11, Boa Nova Editora.)

Ideias que transformam

A intuição pode ser mais importante para trazer soluções do que a lógica. Ela é uma forma de conhecimento que precisamos aprender a utilizar.

Cuidado ao buscar alternativas somente com base em respostas racionais.

Toda resposta baseada no pensamento racional corre o risco de vir distorcida por preconceitos ou opiniões padronizadas.

Nossa intuição, ao contrário, pode indicar alternativas que aparentemente estavam fora do foco da razão.

Por meio da intuição, acessamos infinitas conexões inconscientes que tornam possível fazer escolhas mais seguras. Não ignore que em nosso íntimo estão a sabedoria e o conhecimento de que necessitamos.

Aprenda a ouvir sua voz interior. Ela é um recurso precioso para nortear seus passos.

Esforço para melhorar

Reconhece-se o verdadeiro espírita
pela sua transformação moral, e
pelos esforços que faz para domar
as suas más inclinações.

*(O Evangelho segundo o Espiritismo,
Capítulo 17, item 4, Boa Nova Editora.)*

Ideias que transformam

Se você percebeu que cometeu um erro, não gaste suas energias tentando ocultá-lo ou fingindo que nada aconteceu.

Ao perceber que agiu equivocadamente, aceite, corrija o erro e tente agir melhor na próxima oportunidade.

Infelizmente, temos o triste vício de nos considerar infalíveis. Isso nos leva a um perfeccionismo ilusório que só dificulta nosso encontro com a realidade a respeito de nós mesmos.

Não tente convencer os outros sobre seu ponto de vista quando estiver ciente do erro que cometeu. Esse é um jeito de prolongar a mentira.

Quem deseja crescer espiritualmente precisa assumir plena responsabilidade sobre seus atos e também sobre suas limitações.

O erro está previsto nos códigos divinos. Não se envergonhe do que fez nem fuja à obrigação de responder por seus atos.

Cleber Galhardi ditado por Matheus

Não é o erro que diminui o caráter de uma pessoa e sim a falta de coragem em aprender com os enganos cometidos.

Coragem para continuar

O desencorajamento é uma falta;
Deus vos recusa consolações porque
vos falta coragem.

*(O Evangelho segundo o Espiritismo,
Capítulo 5, item 18, Boa Nova Editora.)*

Para quem é compromissado com seu progresso evolutivo há sempre coragem para insistir e recomeçar.

No lado oposto, quem ainda não se comprometeu consigo insiste algum tempo e depois escolhe ficar parado e se justificando. Passa a explicar as razões de nada dar certo para ele, permanecendo estagnado.

O fato de as pessoas se frustrarem em uma aventura romântica, por exemplo, as faz criar a ideia de que amar é perigoso e não compensa. Elas justificam sua insegurança ao tomar decisões mencionando a postura autoritária daqueles que as educaram na infância.

Será que vale a pena permanecer estagnado, apresentando justificativas para a falta de iniciativa e de coragem para começar novamente?

Toda vez que você se encontrar nessa posição de ficar tentando buscar justificativas, pense no que é importante: criar

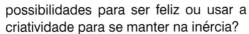
Ideias que transformam

possibilidades para ser feliz ou usar a criatividade para se manter na inércia?

Tenha certeza de que, para atingir uma vida satisfatória, será sempre indispensável caminhar, investir tempo e energia buscando uma nova forma de agir, ao invés de ficar paralisado em situações frustrantes.

Felicidade e ação

Coragem, amigos, o Cristo é o vosso modelo; ele sofreu mais do que qualquer de vós e não tinha nada a se censurar, ao passo que vós tendes vosso passado a expiar e vos fortalecer para o futuro.

(O Evangelho segundo o Espiritismo, Capítulo 9, item 7, Boa Nova Editora.)

Ideias que transformam

Tenha cuidado ao acreditar que felicidade implica ausência de desafios.

Jesus era um homem totalmente feliz, o único assim que passou até hoje pela Terra, e sempre teve que lidar com obstáculos.

Quem é feliz tem a habilidade de lidar com os problemas que aparecem no dia a dia, mas não está imune a eles.

Na maior parte das vezes, para nos ensinar, a vida nos lança em uma situação que desconhecemos: perder um amor, um ente querido, um emprego, ficar doente.

Não confunda dificuldade com infelicidade. Pense que estamos em um mundo de provas, e elas são imprescindíveis para nosso adiantamento.

As grandes transformações acontecem, em sua maioria, quando ultrapassamos um desafio. Quem não passa pelas provas da vida fica do mesmo jeito durante toda a existência.

Solidão

Quando vos atinge um motivo de
inquietação ou de contrariedade,
esforçai-vos por superá-lo, e quando
chegardes a dominar os ímpetos da
impaciência, da cólera ou do desespero,
dizei-vos com justa satisfação:
"Eu fui o mais forte".

*(O Evangelho segundo o Espiritismo,
Capítulo 5, item 18, Boa Nova Editora.)*

Ideias que transformam

A verdadeira solidão não é a ausência de pessoas por perto e sim a inquietação ou contrariedade de estar no meio de muita gente e sentir-se só!

Não confunda estar só com incompetência. Às vezes achamos que somos um fracasso por não estarmos na companhia de outras pessoas.

Veja a solidão como uma oportunidade de encontrar tudo o que está dentro de você, para se conhecer um pouco mais.

Observe se não está confundindo o medo da solidão com o medo de estar consigo mesmo. Fugir da solidão não quer dizer fugir de nossas dores.

A solidão machuca mais em quem não gosta de si mesmo, em quem se rejeita, sem perceber as qualidades que possui – enfim, em quem não sabe se amar e se respeitar.

É sempre bom estarmos na companhia de quem amamos e de quem nos

Cleber Galhardi ditado por Matheus

ama, porém, nem sempre temos essa possibilidade.

Aproveite os instantes de solidão para medir como está a admiração por si mesmo e para sentir verdadeiramente o que ocorre em seu interior.

Aprender

Recomeça, pois, a aprender, e quando
estiveres mais disposto, virás a mim e
eu te abrirei meu vasto campo, e tu
poderás nele trabalhar a toda hora do dia.

*(O Evangelho segundo o Espiritismo,
Capítulo 20, item 2, Boa Nova Editora.)*

A arte de aprender é uma das mais belas que temos a oportunidade de vivenciar. Tão importante quanto o saber é jamais abandonarmos a capacidade de aprender.

Quem aprende é capaz de entender algo que não sabia antes; aprender é descobrir a melhor maneira de realizar nossos desejos.

Muitos abandonam a ideia de aprender algo simplesmente porque não foram capazes de fazê-lo em um primeiro momento. Daí a necessidade de aprender a aprender. Isso significa criar estratégias e assumir o compromisso de conhecer algo que ignorávamos.

O que você gostaria de aprender?

Comece entendendo que é preciso refletir sobre os próprios desejos e vontades, e o principal: saber o que o motiva.

Exercite as potencialidades de sua alma. Reflita sobre as coisas que gostaria de aprender e aplique toda a sua energia para atingir esse objetivo.

Trabalho e perseverança

Segundo a ideia muito falsa de que não pode reformar sua própria natureza, o homem se crê dispensado de se esforçar para se corrigir dos defeitos, nos quais se compraz voluntariamente ou que exigiriam muita perseverança.

(O Evangelho segundo o Espiritismo,
Capítulo 9, item 10, Boa Nova Editora.)

Perseverante é aquele que insiste, fica firme, trabalha incansavelmente por aquilo em que acredita.

Quem realiza grandes façanhas não abre mão, jamais, de perseverar. Os homens que fizeram a diferença na história da humanidade tinham na perseverança seu grande trunfo.

Analise como está sua capacidade de permanecer seguro em suas convicções.

Não espere o apoio de pessoas próximas para seguir seu caminho. Elas nem sempre entenderão seus propósitos.

Não seguir por não ser aprovado é autossabotagem. Seja um pouco mais paciente com quem não o entende e siga com firmeza.

Caso esbarre em algum obstáculo durante o percurso, mantenha-se sereno e com o pensamento no objetivo final.

Seja qual for o empreendimento que queira realizar, acredite no poder da

Ideias que transformam

perseverança, escrevendo sua história de vida e tendo a certeza de que o sucesso o aguarda.

Ação sem desculpas

Se Deus houvesse isentado o homem do trabalho do corpo, seus membros estariam atrofiados; se o houvesse isentado do trabalho da inteligência, seu Espírito teria permanecido na infância, no estado de instinto animal; por isso, lhe fez do trabalho uma necessidade e lhe disse: Procura e acharás, trabalha e produzirás...

(O Evangelho segundo o Espiritismo, Capítulo 25, item 3, Boa Nova Editora.)

Ideias que transformam

Você já percebeu que as pessoas que não têm vontade de realizar nada sempre ficam escoradas em desculpas?

São aquelas que vivem procurando os responsáveis pela sua falta de iniciativa. Falam que a culpa é do governo, do sistema, dos pais, da falta de tempo, enfim, estão sempre responsabilizando alguém, menos elas próprias, claro.

Preste atenção no comportamento de quem não quer se mexer. Quase sempre focam um problema e deixam os obstáculos bem maiores do que realmente são.

Quem deseja fazer algo sempre encontra um jeito e está disposto a se movimentar. Em vez de travar diante dos obstáculos, está sempre procurando uma oportunidade para crescer.

Treine sua mente para enxergar oportunidades. Isso não implica fechar os olhos para as dificuldades, e sim dar maior valor aos ganhos que estão implícitos nas situações.

Tanto o sucesso quanto o fracasso precisam de nossa força para se concretizar. A energia gasta será sempre a mesma. A diferença é que uma induz à apatia enquanto a outra promove o progresso.

Crítica

A censura lançada sobre a conduta de outrem pode ter dois motivos: reprimir o mal ou desacreditar a pessoa cujos atos se criticam; este último motivo não tem jamais desculpa, porque é da maledicência e da maldade. O primeiro pode ser louvável e se torna mesmo um dever em certos casos, uma vez que disso deve resultar um bem...

(O Evangelho segundo o Espiritismo, Capítulo 10, item 13, Boa Nova Editora.)

O melhor jeito de não ser criticado é não fazer nada: ficar sempre em silêncio, esconder opiniões, não realizar trabalho algum.

Passar despercebido com certeza o fará escapar das críticas, porém, é também um excelente modo de sufocar seu potencial.

Entenda que em tudo o que fizer sempre haverá quem o defenda e quem o critique.

É impossível controlar a opinião dos outros. Por isso, não tenha medo de se expor nem de manifestar sua essência.

Todos nós possuímos valores e também fragilidades. Valores precisam de estímulos; fragilidades precisam de aperfeiçoamento.

Quando receber uma crítica, use o bom senso. Se ela for honesta e verdadeira, utilize-a para se modificar e crescer. Se for falsa, ignore-a e continue sua caminhada.

Ideias que transformam

Se o próprio Cristo não foi capaz de agradar a todos, por que você quer ter essa presunção?

A BUSCA DO MELHOR

Francisco do Espirito Santo Neto
ditado por Hammed

Filosófico
Formato: 14x21cm
Páginas: 176

Sócrates afirmava que "ninguém que saiba ou acredite que haja coisas melhores do que as que faz, ou que estão a seu alcance, continua a fazê-las quando conhece a possibilidade de outras melhores". Ser protagonista da própria vida não significa jamais se equivocar; significa, sim, refazer caminhos, reconhecer falhas e erros, e deixar de ser prisioneiro das próprias atitudes. Neste livro de Hammed, você vai descobrir as ferramentas necessárias para conduzir sua história de vida e fazer da existência uma grande oportunidade de aperfeiçoamento.

 www.boanova.net

 www.facebook.com/boanovaed

 www.instagram.com/boanovaed

 www.youtube.com/boanovaeditora

Entre em contato com nossos consultores e confira as condições.
Catanduva-SP 17 3531.4444 | São Paulo-SP 11 3104.1270